Mitanga

EDUCAÇÃO INFANTIL

EM ATIVIDADES, JOGOS E FESTAS

MEU PRIMEIRO LIVRO

MITANGA PALAVRA DE ORIGEM TUPI QUE SIGNIFICA "CRIANÇA" OU "CRIANÇA PEQUENA".

Editora do Brasil

SUMÁRIO

MITANGA EM ATIVIDADE

O QUE ESTÁ FALTANDO EM CADA UM? 5

ONDE EU MORO HÁ... 6

QUANTAS FRUTAS GOSTOSAS E SAUDÁVEIS! 7

JÁ EXPERIMENTOU? 8

COMER PARA CRESCER! 9

LARANJA E LIMÃO 10

LETRAS IGUAIS, CORES IGUAIS 11

AONDE VAI A DONA ARANHA? 12

ANIMAIS POR TODA PARTE 13

PURA DIVERSÃO! 14

VISITA AO SÍTIO 15

PERSONAGENS 16

MITANGA EM JOGOS

JOGO DOS BLOQUINHOS 17

CONSTRUINDO MUROS 18

ARRUMANDO OS CAMINHOS 19

SUMÁRIO

QUEM PASSOU POR AQUI? 21

O QUE VEM DEPOIS? 23

QUEM FICA COM QUEM? 25

MITANGA EM FESTA

DIA MUNDIAL DA ÁGUA 27

DIA NACIONAL DO LIVRO INFANTIL 29

DIA DO ÍNDIO 31

CHEGADA DOS PORTUGUESES AO BRASIL 33

DIA INTERNACIONAL DA FAMÍLIA 37

FESTAS JUNINAS 40

DIA DO BOMBEIRO 41

DIA DO AMIGO 43

DIA DOS AVÓS 47

DIA DO FOLCLORE 49

DIA DA ÁRVORE 51

DIA DO AVIADOR 54

ENCARTES 55

O QUE ESTÁ FALTANDO EM CADA UM?

CABEÇA, OMBRO, PERNA E PÉ

CABEÇA, OMBRO, PERNA E PÉ, PERNA E PÉ!
CABEÇA, OMBRO, PERNA E PÉ, PERNA E PÉ!
OLHOS, ORELHAS, BOCA E NARIZ.
CABEÇA, OMBRO, PERNA E PÉ, PERNA E PÉ!

CANTIGA.

OLHOS

BOCA

NARIZ

ORELHA

ILUSTRAÇÕES: HENRIQUE BRUM

Cante a música com os colegas e o professor e aprenda o nome de algumas partes do corpo.

▼ O que está faltando nas crianças?

Cubra os tracejados para descobrir. Depois, com a ajuda do professor, observe a letra inicial das palavras.

▼ Que nomes começam com a mesma letra?

ONDE EU MORO HÁ...

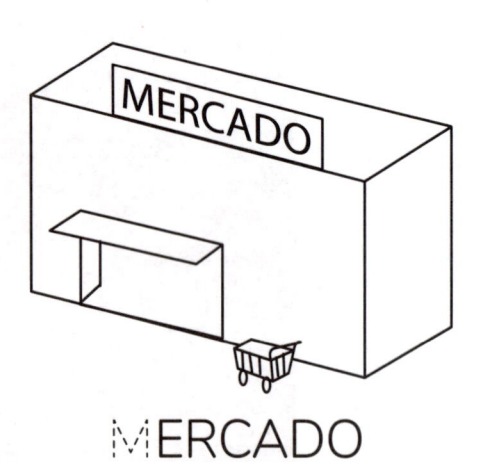

PRÉDIO

IGREJA

CASA

MERCADO

PRAÇA

ESCOLA

▼ Você já foi a algum desses lugares?

Pinte aqueles que existem próximo de onde você mora.

▼ A qual local perto de sua casa você mais gosta de ir? Por quê?

Agora, cubra o tracejado para descobrir a letra inicial do nome de cada lugar.

▼ Que nomes começam com a mesma letra?

ILUSTRAÇÕES: LUIZ LENTINI

QUANTAS FRUTAS GOSTOSAS E SAUDÁVEIS!

| MAÇÃ | MELANCIA | MELÃO | MORANGO |

- ▼ Você conhece essas frutas? Observe as frutas e o nome delas.
- ▼ Todos os nomes têm a mesma letra inicial?
- ▼ Você sabe como se chama essa letra? Cubra a letra **M** tracejada.

▶ **JÁ EXPERIMENTOU?**

BETERRABA

ALFACE

ABÓBORA

CEBOLA

CENOURA

BERINJELA

Observe o nome de cada alimento. Depois, ligue os que começam com a mesma letra.

▼ Você já experimentou esses alimentos?
▼ Qual deles é o seu preferido?

COMER PARA CRESCER!

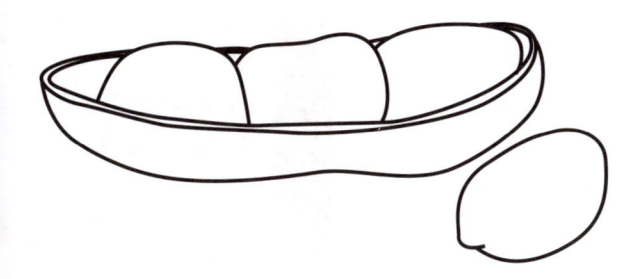

AMENDOIM 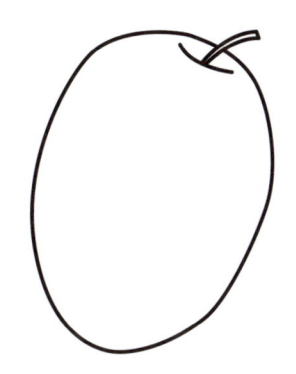 AZEITONA 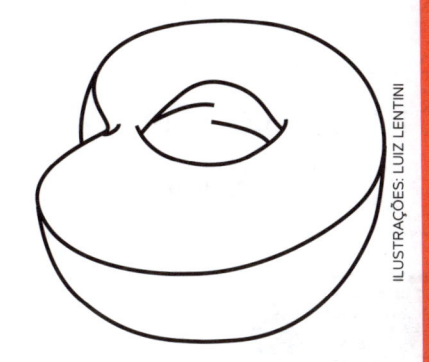 AMEIXA

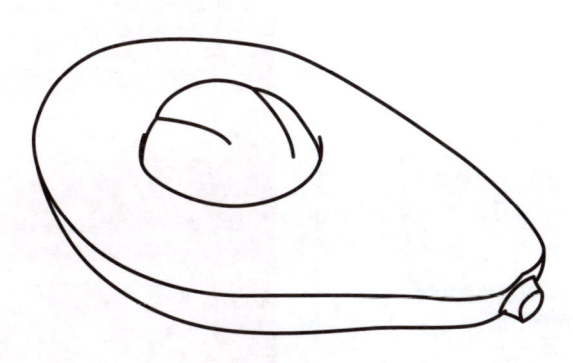

ABACATE  ABACAXI  ACELGA

▼ Com que letra começa o nome desses alimentos?

Cubra a letra tracejada e pinte as figuras.

▼ Que letra você descobriu?

▼ Em sua turma, há algum colega que tem o nome iniciado pela letra **A**?

ILUSTRAÇÕES: LUIZ LENTINI

LARANJA E LIMÃO

DA LARANJA QUERO UM GOMO
DO LIMÃO QUERO UM PEDAÇO
DA MENINA MAIS BONITA
QUERO UM BEIJO E UM ABRAÇO.

CANTIGA.

Conte quantas frutas há em cada árvore e marque um **X** nos números correspondentes a essas quantidades.

▼ Que números você marcou?
▼ Com que letra começa o nome dessas frutas?

Cubra o tracejado da letra **L**.

LIMÃO

| 1 UM | 2 DOIS | 3 TRÊS |
| 4 QUATRO | 5 CINCO |

LARANJA

| 1 UM | 2 DOIS | 3 TRÊS |
| 4 QUATRO | 5 CINCO |

ILUSTRAÇÕES: LUIZ LENTINI

LETRAS IGUAIS, CORES IGUAIS

ONÇA

COBRA

OVELHA

CACHORRO

CAVALO

ORNITORRINCO

▼ Você sabe o nome desses animais?

Circule de **vermelho** os animais cujo nome começa com a letra **O** e, de **azul**, os animais cujo nome começa com a letra **C**.

Observe os modelos.

AONDE VAI A DONA ARANHA?

A DONA ARANHA SUBIU PELA PAREDE
VEIO A CHUVA FORTE E A DERRUBOU.
JÁ PASSOU A CHUVA E O SOL JÁ ESTÁ SURGINDO
E A DONA ARANHA CONTINUA A SUBIR.
ELA É TEIMOSA E DESOBEDIENTE
SOBE, SOBE, SOBE E NUNCA ESTÁ CONTENTE.

CANTIGA.

Cante a música com os colegas e o professor. Depois, faça um desenho para ilustrá-la.
▼ Você já viu uma aranha?
▼ Você tem medo de aranha?
▼ Com que letra começa o nome desse animal?

ANIMAIS POR TODA PARTE

LÁ VEM O CROCODILO,
ORANGOTANGO,
AS DUAS SERPENTINHAS,
A ÁGUIA-REAL.
O GATO, O RATO, O ELEFANTE.
NÃO FALTOU NINGUÉM.
SÓ NÃO SE VIAM
OS DOIS PEQUINESES.

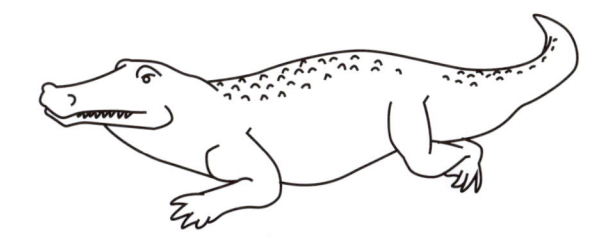

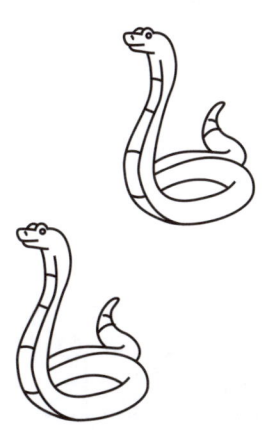

CANTIGA.

ILUSTRAÇÕES: LUIZ LENTINI

▼ Você sabe imitar o som de algum animal?

Ouça a leitura que o professor fará. Depois, pinte somente os animais citados na canção.

▼ Qual animal ficou sem pintura?

▼ Com que letra começa o nome dele?

▶ PURA DIVERSÃO!

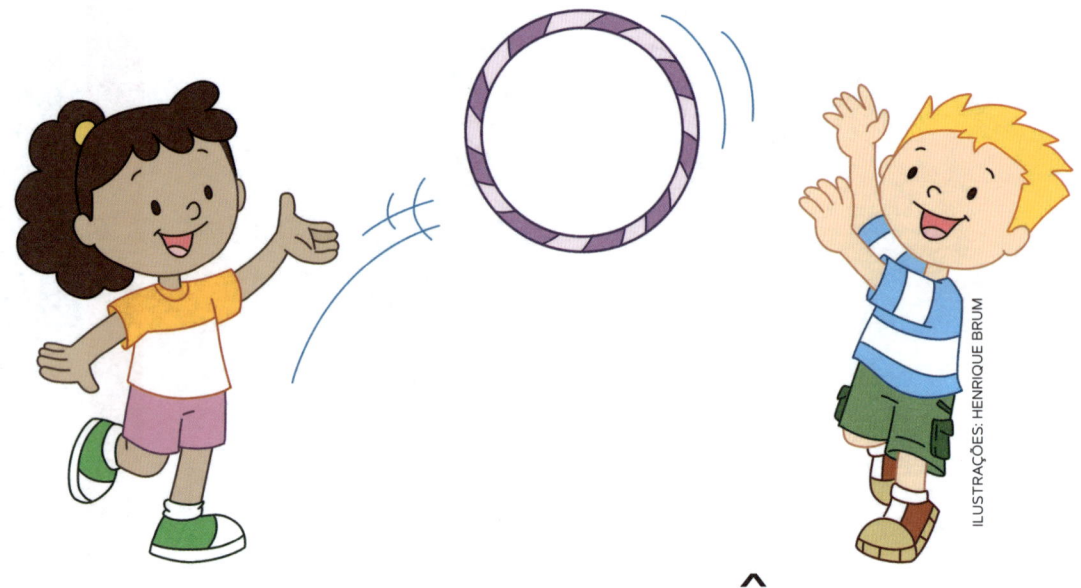

BAMBOLÊ

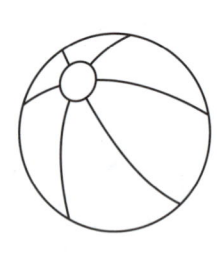

ILUSTRAÇÕES: HENRIQUE BRUM

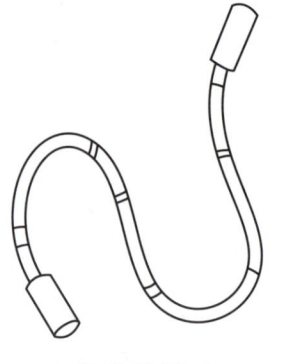

BONECA   BOLA   BALÃO   CORDA

> Pinte apenas os brinquedos cujo nome começa com a mesma letra que a palavra **BAMBOLÊ**.
>
> ▼ Você conhece brincadeiras com bambolê?
> ▼ Com qual desses brinquedos você mais gosta de brincar?

VISITA AO SÍTIO

PAULA **G**ABRIEL **V**ITOR

VACA **P**ATO **G**ALINHA

ILUSTRAÇÕES: HENRIQUE BRUM

As crianças foram passear no sítio e estão brincando de descobrir nomes de animais que começam com a mesma letra que o nome delas.

▼ Vamos ajudá--las?

Observe as palavras e ligue--as para fazer a correspondência.

▼ Qual é a primeira letra de seu nome?

▼ Você conhece o nome de algum animal que começa com essa letra?

15

PERSONAGENS

CURUPIRA

SACI

LOBO

PRÁTICO

P

C

L

S

▼ Vamos rever os personagens de contos que você conheceu na Unidade 6? Ligue cada um à letra inicial de seu respectivo nome.

▼ De qual desses personagens você mais gostou?

▼ Você conhece outros contos? Que tal contá-los aos colegas?

JOGO DOS BLOQUINHOS

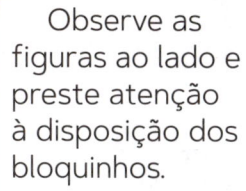

Observe as figuras ao lado e preste atenção à disposição dos bloquinhos.

▼ Vamos reproduzir essas construções?

Com a ajuda do professor, pinte de cores diferentes cada figura das páginas 55 e 57 do encarte, recorte-as e monte os bloquinhos.

Depois, utilizando seus bloquinhos de montar, construa cada uma das figuras apresentadas ao lado.

▼ Que outras construções você consegue montar com esses bloquinhos?

CONSTRUINDO MUROS

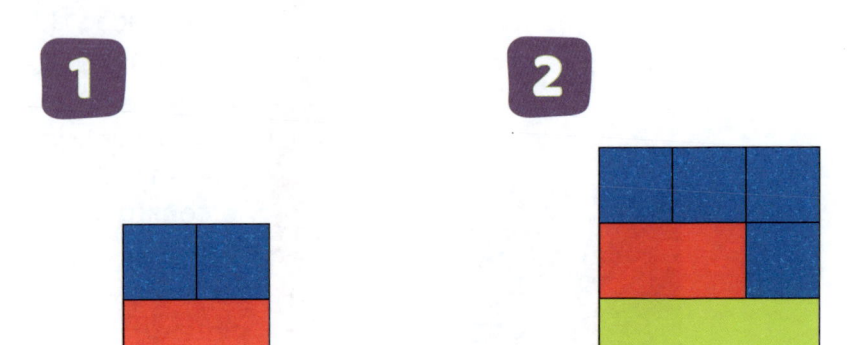

1
2
3
4
5

ILUSTRAÇÕES: DAE

▼ Vamos construir muros coloridos?

Com a ajuda do professor, recorte os tijolinhos coloridos da página 59 do encarte e utilize-os para montar os muros apresentados ao lado.

▼ Que cores de tijolinhos você usou em cada muro?

▼ É possível montar esses muros fazendo outras combinações de tijolinhos?

ARRUMANDO OS CAMINHOS

▼ Qual peça completa o caminho?

Com a ajuda do professor, recorte as figuras da página 61 do encarte e cole nesta página a peça que se encaixa em cada caminho, ajudando os animais a chegar a seus destinos.

QUEM PASSOU POR AQUI?

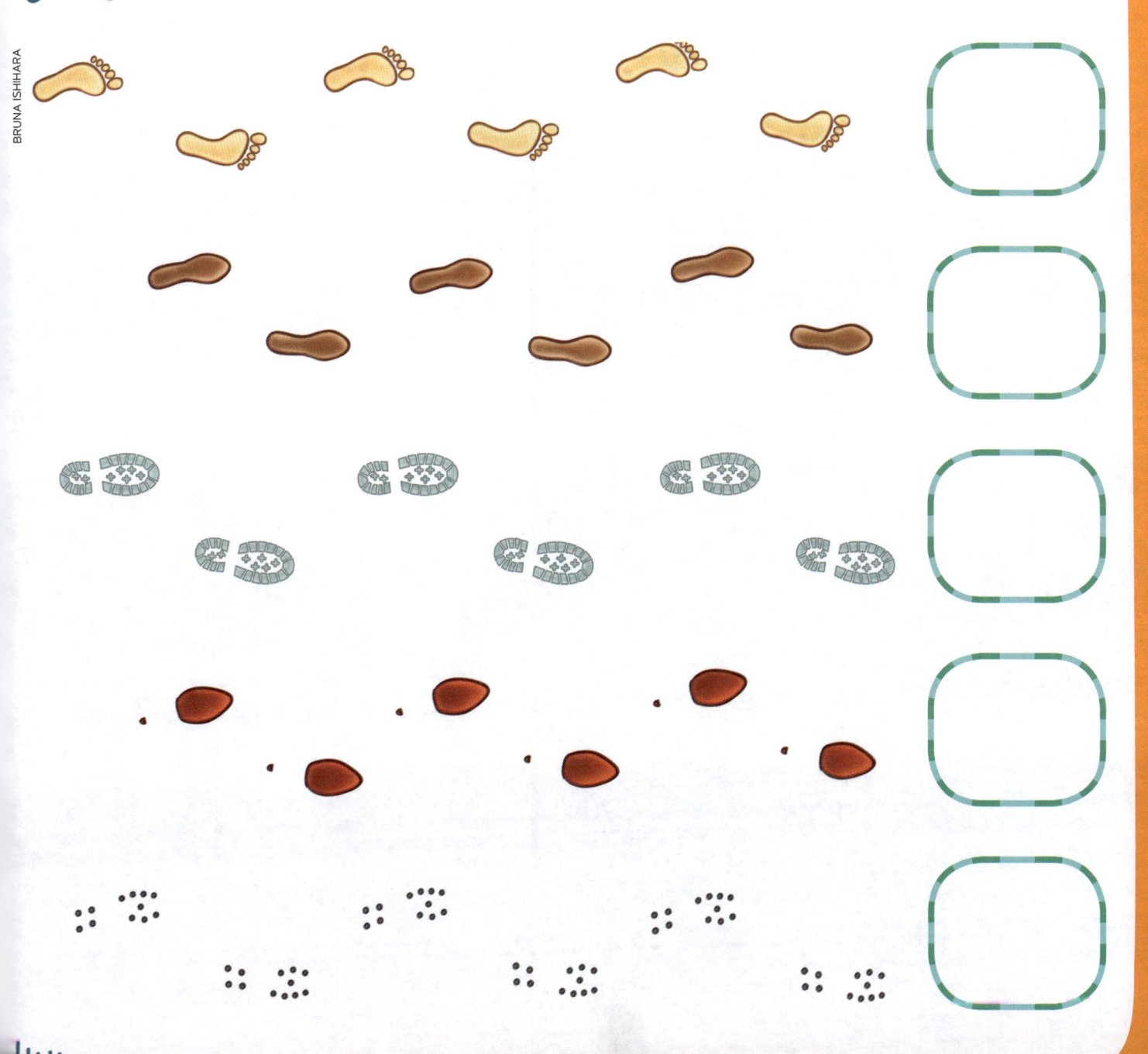

▼ Quem será que deixou essas pegadas?

Observe cada pegada e elabore hipóteses sobre quem pode ter deixado essas marcas, se estava calçado e, se estava, que tipo de sapato usava.

Depois, com a ajuda do professor, recorte as figuras da página 59 do encarte e cole-as ao lado da pegada correspondente para descobrir quem as deixou.

O QUE VEM DEPOIS?

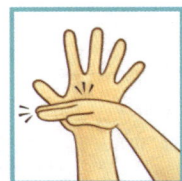

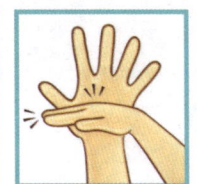

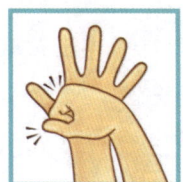

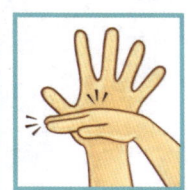

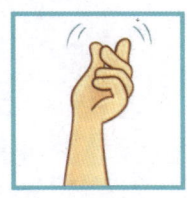

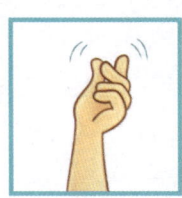

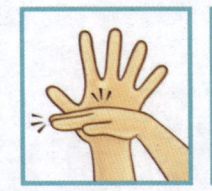

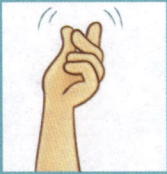

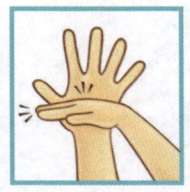

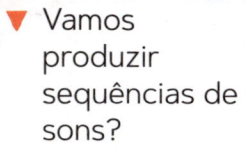

- Vamos produzir sequências de sons?

  Observe com atenção as sequências de movimentos ilustradas e reproduza cada uma delas, percebendo o som que os movimentos produzem.

- Você consegue perceber o padrão de cada sequência?

  Com a ajuda do professor, recorte as figuras da página 59 do encarte e cole-as na sequência correta para continuá-las.

- Que outras sequências você pode criar com esses movimentos?

QUEM FICA COM QUEM?

BRUNA ISHIHARA

Com a ajuda do professor, recorte as figuras da página 63 do encarte e descreva cada personagem.

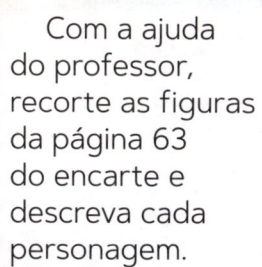

▼ Quais critérios você pode estabelecer para agrupar esses personagens de diferentes maneiras?

Observe as etiquetas de classificação de cada grupo ilustrado na página e organize os personagens recortados nesses grupos. Por fim, cole as figuras.

DIA MUNDIAL DA ÁGUA – 22 DE MARÇO

Observe e descreva os elementos dessa paisagem. Depois, pinte a água com giz de cera e cole nela pedaços de lã ou de tecido na cor **azul**.

▼ Em sua opinião, por que a água é tão importante para os seres vivos?

▼ Por que não podemos desperdiçar água?

27

DIA NACIONAL DO LIVRO INFANTIL – 18 DE ABRIL

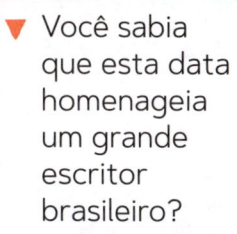

HENRIQUE BRUM

- ▼ Você sabia que esta data homenageia um grande escritor brasileiro?

  O nome dele é Monteiro Lobato, e uma de suas principais obras para o público infantil é o *Sítio do Picapau Amarelo*.

- ▼ Você conhece essa personagem? Sabe o nome dela?

  Pinte o rosto de Emília com lápis de cor. Depois, recorte a imagem nas linhas tracejadas para formar um quebra-cabeça.

  Agora é só brincar!

29

DIA DO ÍNDIO – 19 DE ABRIL

ESTE É O DIA DE HOMENAGEAR OS INDÍGENAS, OS PRIMEIROS HABITANTES DO BRASIL!

▼ O que você sabe sobre os indígenas do Brasil?

▼ Você sabe o que é uma oca? De que ela é feita?

▼ O que a indígena está fazendo?

Pinte a cena com lápis de cor ou giz de cera. Depois, cole raspas de lápis ou palha seca para enfeitar a oca.

CHEGADA DOS PORTUGUESES AO BRASIL – 22 DE ABRIL

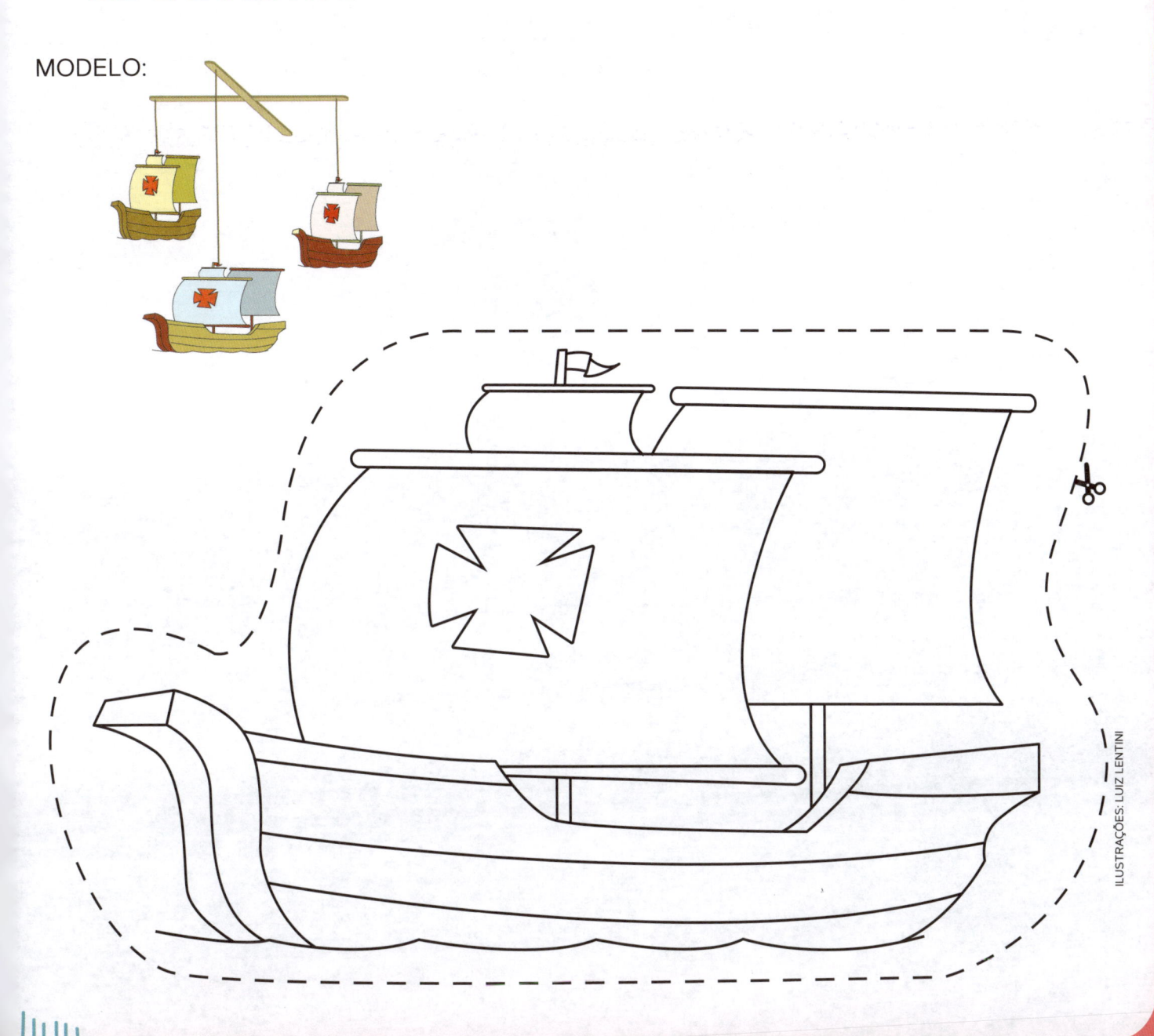

MODELO:

▼ Vamos criar um móbile de caravelas para homenagear a chegada dos portugueses ao Brasil?

Você vai precisar de dois palitos de sorvete colados em cruz, fita-crepe e três pedaços de barbante de tamanhos diferentes.

Para começar, pinte as caravelas desta página e as da página 35. Depois, recorte-as e cole cada uma delas na ponta de um barbante usando fita-crepe. Para finalizar, amarre os barbantes nos palitos de sorvete, um em cada ponta.

ILUSTRAÇÕES: LUIZ LENTINI

35

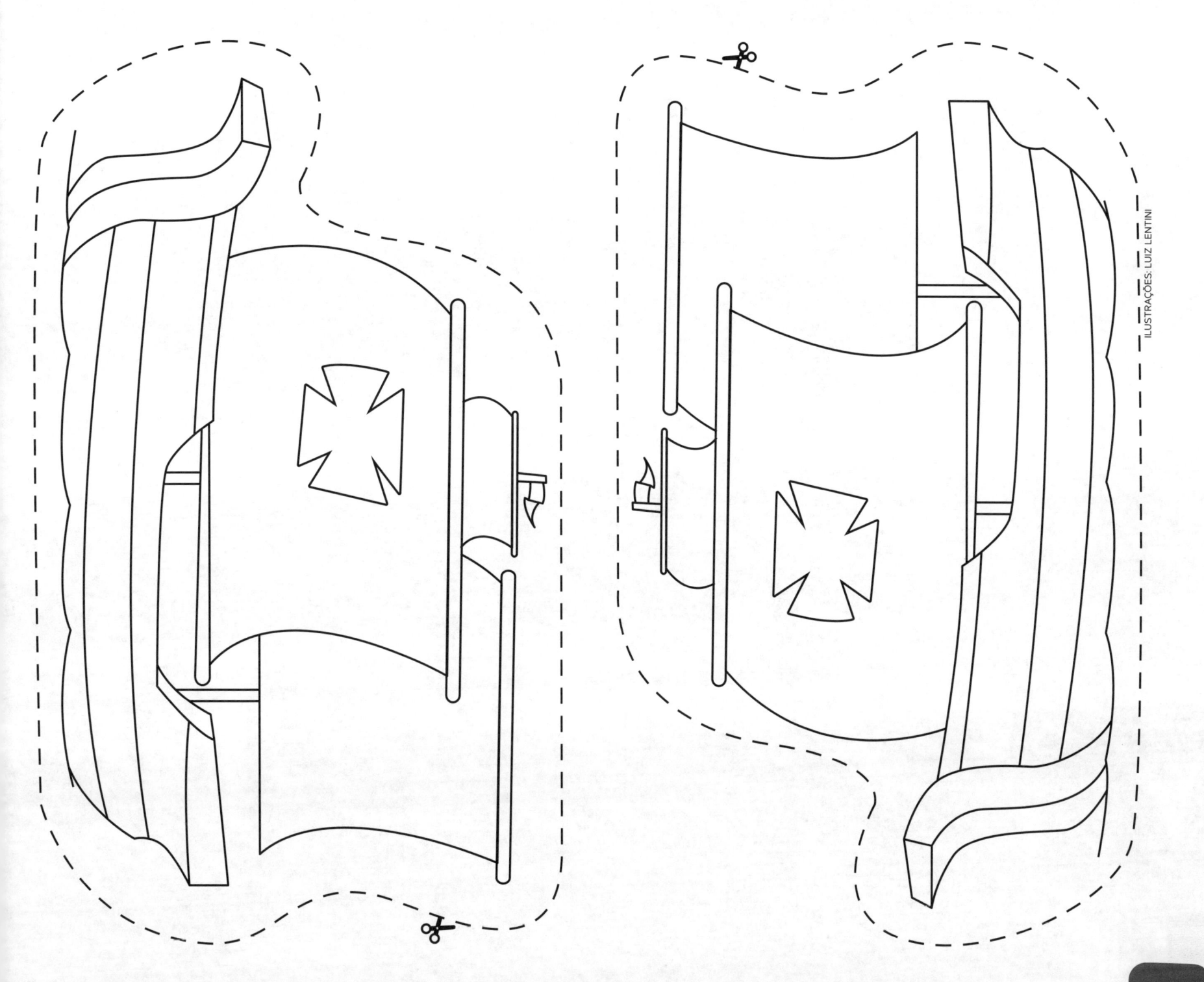

DIA INTERNACIONAL DA FAMÍLIA – 15 DE MAIO

AS FAMÍLIAS PODEM SER MUITO DIFERENTES UMAS DAS OUTRAS. O MAIS IMPORTANTE, PORÉM, É QUE HAJA AMOR E RESPEITO ENTRE AS PESSOAS QUE FAZEM PARTE DELAS.

▼ Como é formada sua família?

▼ Quem mora com você?

Para homenagear sua família, desenhe no quadro as pessoas que fazem parte dela e decore a cena como desejar. Depois, siga o passo a passo da página 39 para montar um porta-retratos.

PORTA-RETRATOS

MATERIAL:
- PALITOS DE SORVETE;
- FITA DE TECIDO NA COR PREFERIDA;
- COLA;
- TESOURA.

MODO DE FAZER
1. RECORTE DA PÁGINA 37 O DESENHO DE SUA FAMÍLIA.
2. COLE OS PALITOS DE SORVETE NA BORDA DE SEU DESENHO E ESPERE SECAR.
3. AMARRE A FITA NOS CANTOS DOS PALITOS DA PARTE DE CIMA.
4. PRONTO! AGORA É SÓ LEVAR O PORTA-RETRATOS PARA CASA E PENDURÁ-LO NA PAREDE!

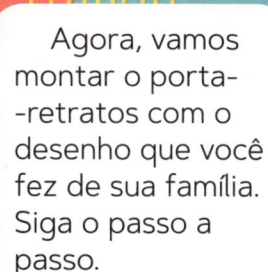

Agora, vamos montar o porta--retratos com o desenho que você fez de sua família. Siga o passo a passo.
▼ Quantas pessoas moram com você?
▼ Qual é o nome de cada uma delas?

FESTAS JUNINAS – MÊS DE JUNHO

QUADRILHA, FOGUEIRA, CRIANÇAS VESTIDAS DE CAIPIRA... TUDO ISSO E MUITO MAIS VOCÊ ENCONTRA EM UMA FESTA JUNINA.

▼ Você já foi a uma festa junina?

Converse com os colegas e o professor sobre o que você viu nessa festa. Se não foi, imagine como seria.

Com canetinha hidrocor, desenhe uma festa junina bem alegre e animada. Agora, vamos dar ao seu desenho um efeito de aquarela. Para isso, pegue um pincel, mergulhe-o levemente na água e passe-o por cima do que desenhou.

▼ O que aconteceu com a pintura?

DIA DO BOMBEIRO – 2 DE JULHO

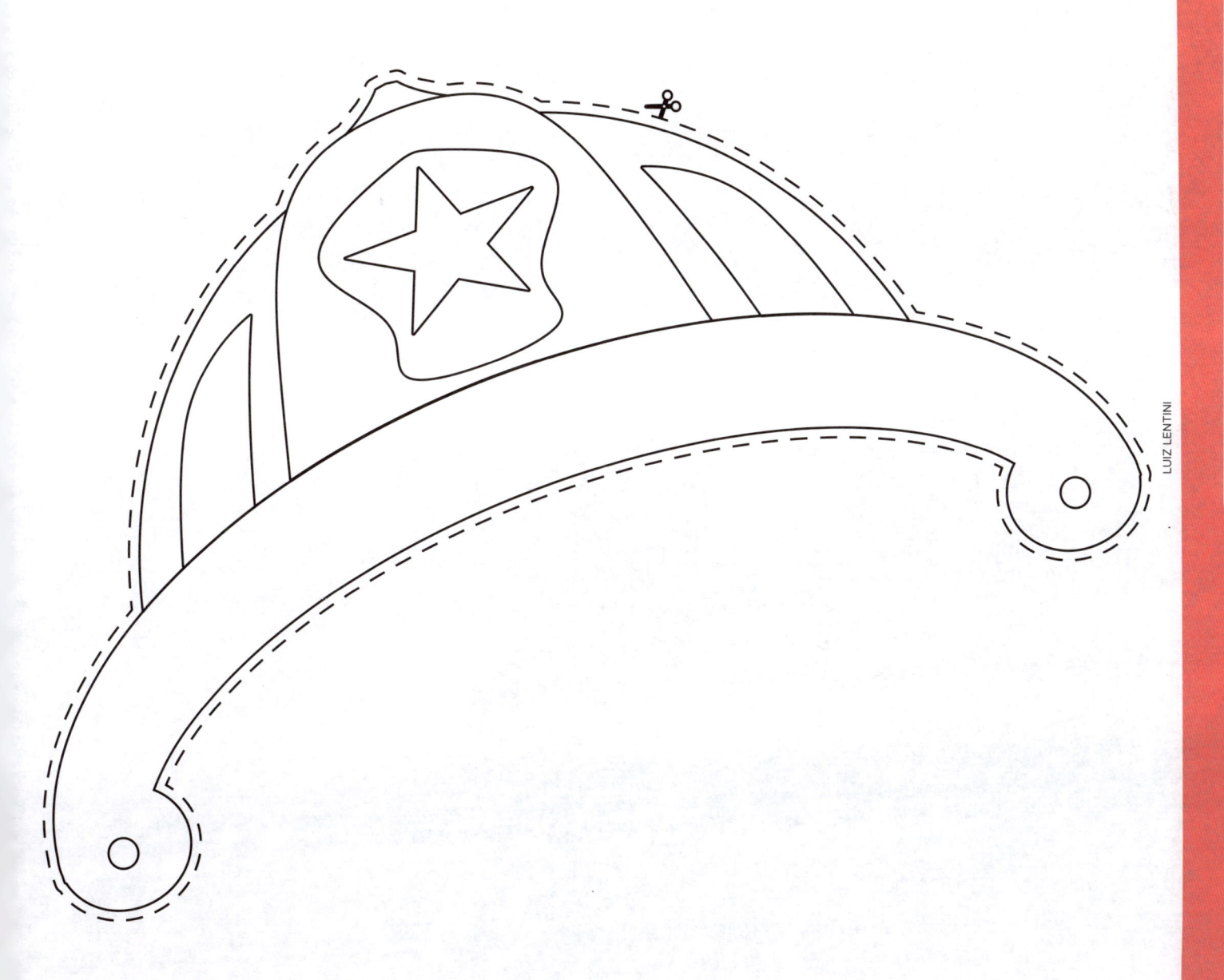

▼ Você sabe o que faz um bombeiro?

Enfeite o chapéu de bombeiro colando pedaços de papel laminado.

Depois, recorte-o e, com a ajuda do professor, prenda um elástico nos locais indicados. Pronto! Agora você já pode vestir seu chapéu e brincar de bombeiro com os colegas!

LUIZ LENTINI

DIA DO AMIGO – 20 DE JULHO

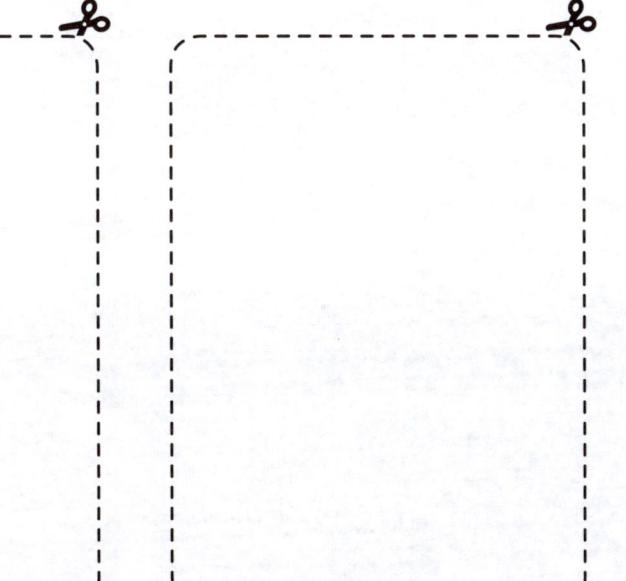

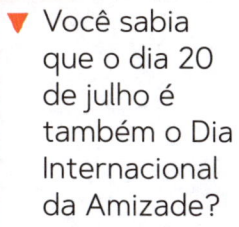

▼ Você sabia que o dia 20 de julho é também o Dia Internacional da Amizade?

▼ O que você gosta de fazer quando está com seus amigos?

Para homenageá-los, confeccione um "jogo da memória" com a fotografia deles. Para isso, escolha seis colegas e cole nos quadros (desta página e da página 45) duas imagens iguais de cada um. Depois, recorte as cartelas e está pronto seu "jogo da memória dos amigos". É só embaralhar e brincar!

45

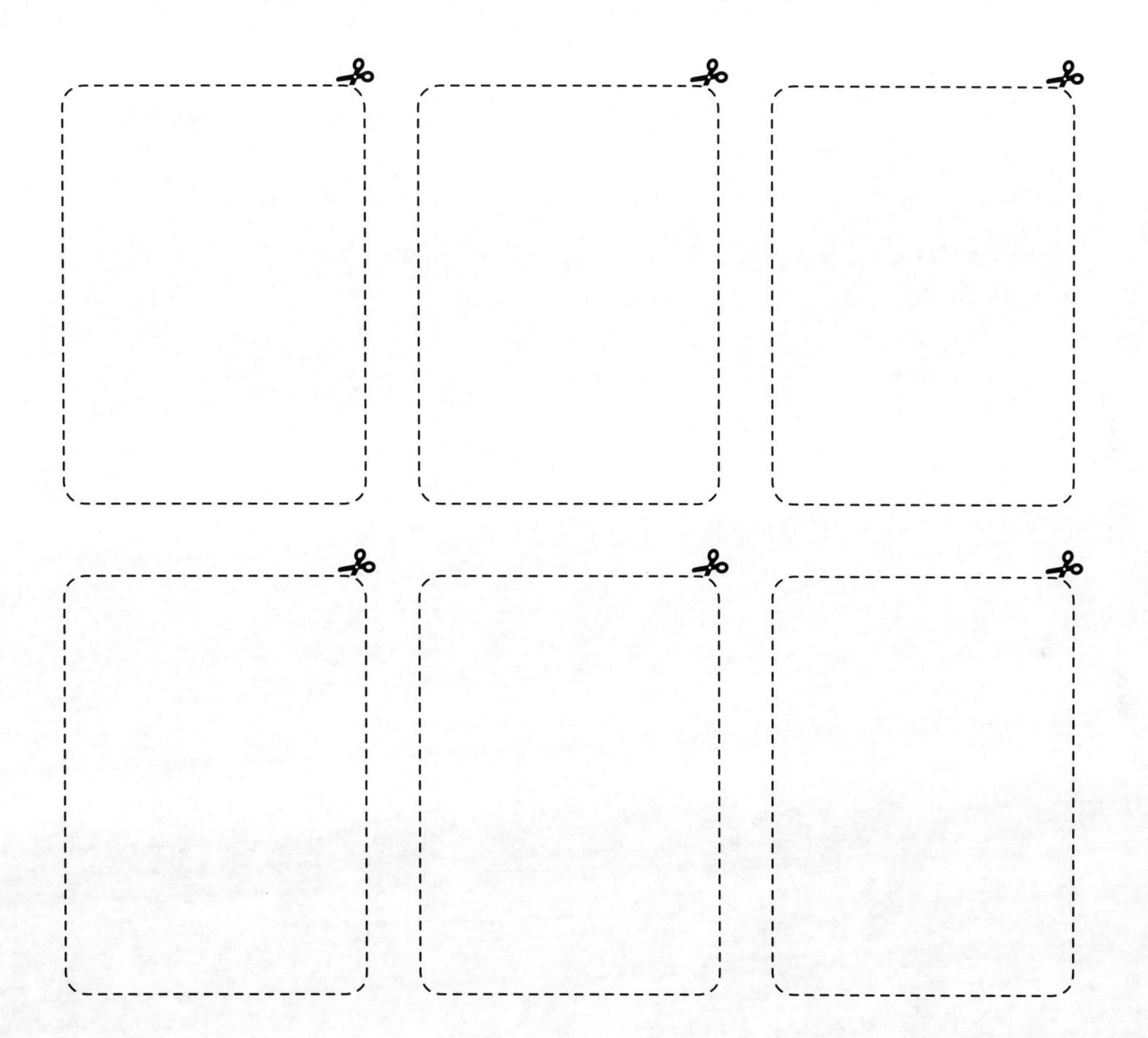

DIA DOS AVÓS – 26 DE JULHO

OS AVÓS NOS TRANSMITEM TODA A EXPERIÊNCIA E SABEDORIA QUE ADQUIRIRAM AO LONGO DA VIDA, ALÉM DE MUITO AMOR E CARINHO!

LUIZ LENTINI

▼ Você tem avós?

▼ O que vocês gostam de fazer juntos?

Pinte o coração com lápis de cor e enfeite-o usando lantejoulas, *glitter* ou cola colorida.

Depois, escreva seu nome na figura, recorte-a e cole-a em um palito de sorvete. Está pronta a lembrancinha.

Agora é só entregá-la a seus avós!

DIA DO FOLCLORE – 22 DE AGOSTO

MODELO:

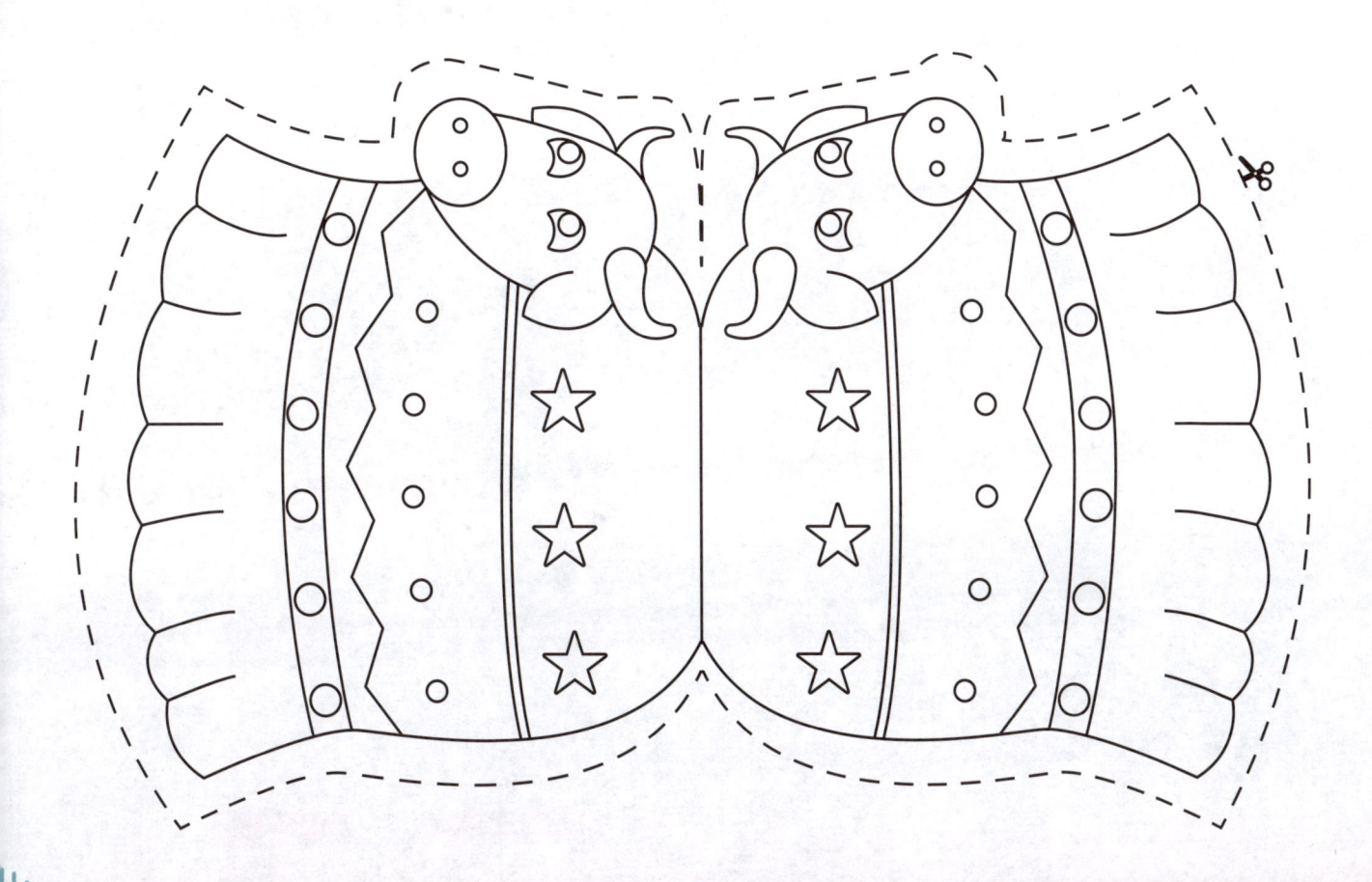

ILUSTRAÇÕES: LUIZ LENTINI

▼ Você conhece algum personagem do folclore brasileiro?

Pinte e enfeite o boi-bumbá da forma que desejar. Você pode usar retalhos de tecido, botões, lantejoulas, *glitter*, cola colorida etc.

Depois, recorte-o e dobre-o ao meio. Para brincar, cole na parte interna um rolinho de papel higiênico dobrado no formato de pirâmide. Veja o modelo.

49

DIA DA ÁRVORE – 21 DE SETEMBRO

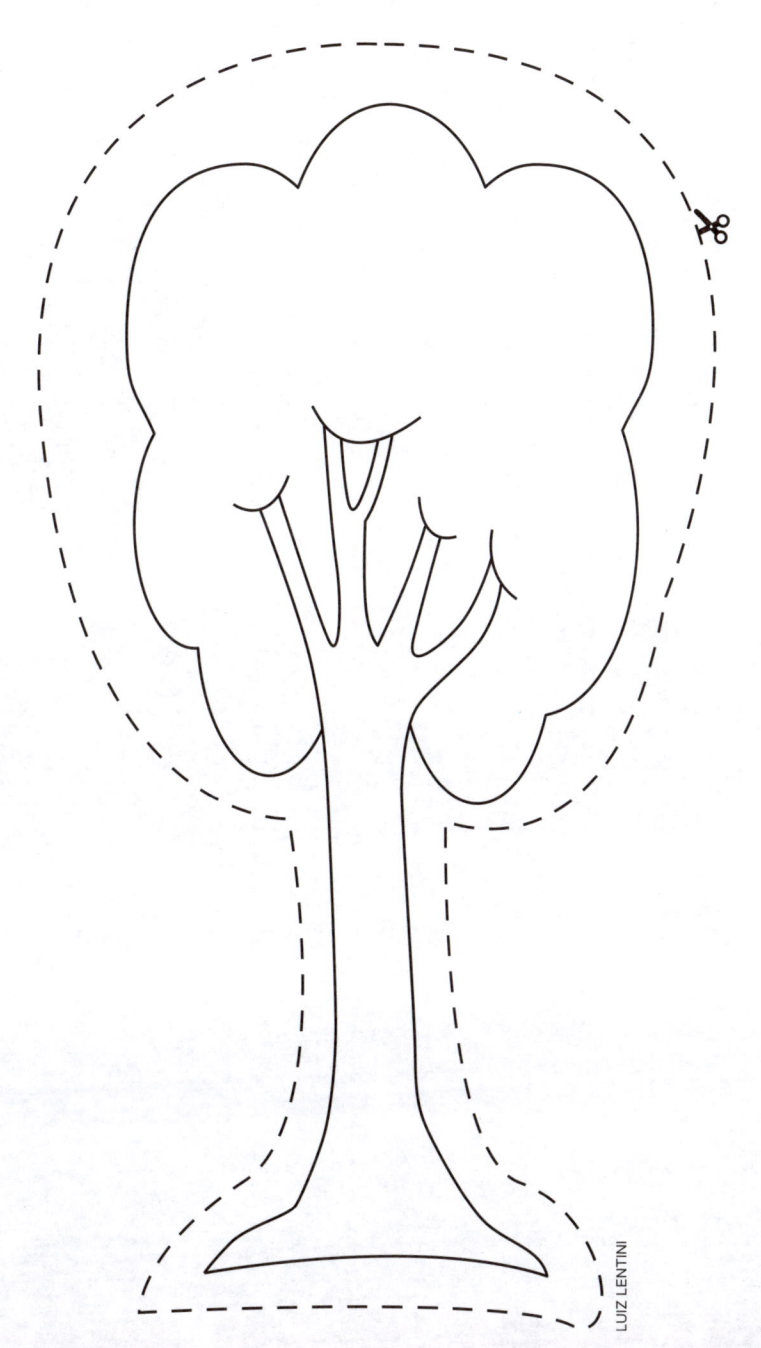

▼ Em sua opinião, por que as árvores são importantes para o planeta?

▼ Por que não devemos derrubar árvores ou fazer queimadas?

Para mostrar a importância das árvores, recorte o molde ao lado, siga o passo a passo da página 53 e monte sua floresta.

LUIZ LENTINI

MINHA FLORESTA

MODO DE FAZER

1. DOBRE UMA FOLHA DE PAPEL SULFITE EM QUATRO PARTES FORMANDO UMA SANFONA. USE A FOLHA NA POSIÇÃO HORIZONTAL.

2. COLOQUE O MOLDE RECORTADO DA PÁGINA 51 SOBRE A FOLHA DOBRADA E FAÇA O CONTORNO DA ÁRVORE COM CANETINHA HIDROCOR.

3. AINDA COM A FOLHA DOBRADA, RECORTE A ÁRVORE. MAS ATENÇÃO: NÃO RECORTE OS CANTOS DA FIGURA; ELES DEVEM PERMANECER GRUDADOS.

4. ABRA A FOLHA E PINTE TODAS AS ÁRVORES DA FLORESTA QUE VOCÊ FORMOU.

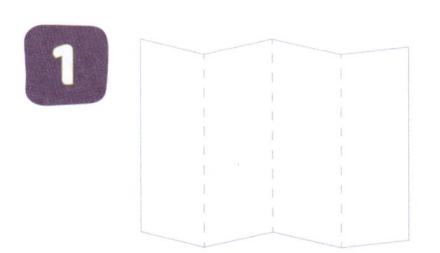

Agora, vamos montar a floresta com o molde que você recortou da página 51. Siga o passo a passo.

▼ Que tal juntar todas as árvores da turma e formar uma enorme floresta no mural da sala?

DIA DO AVIADOR – 23 DE OUTUBRO

ESTE É O DIA DO AVIADOR. NESTA DATA, SANTOS DUMONT FEZ SEU PRIMEIRO VOO COM O 14-BIS, DANDO INÍCIO À AVIAÇÃO BRASILEIRA.

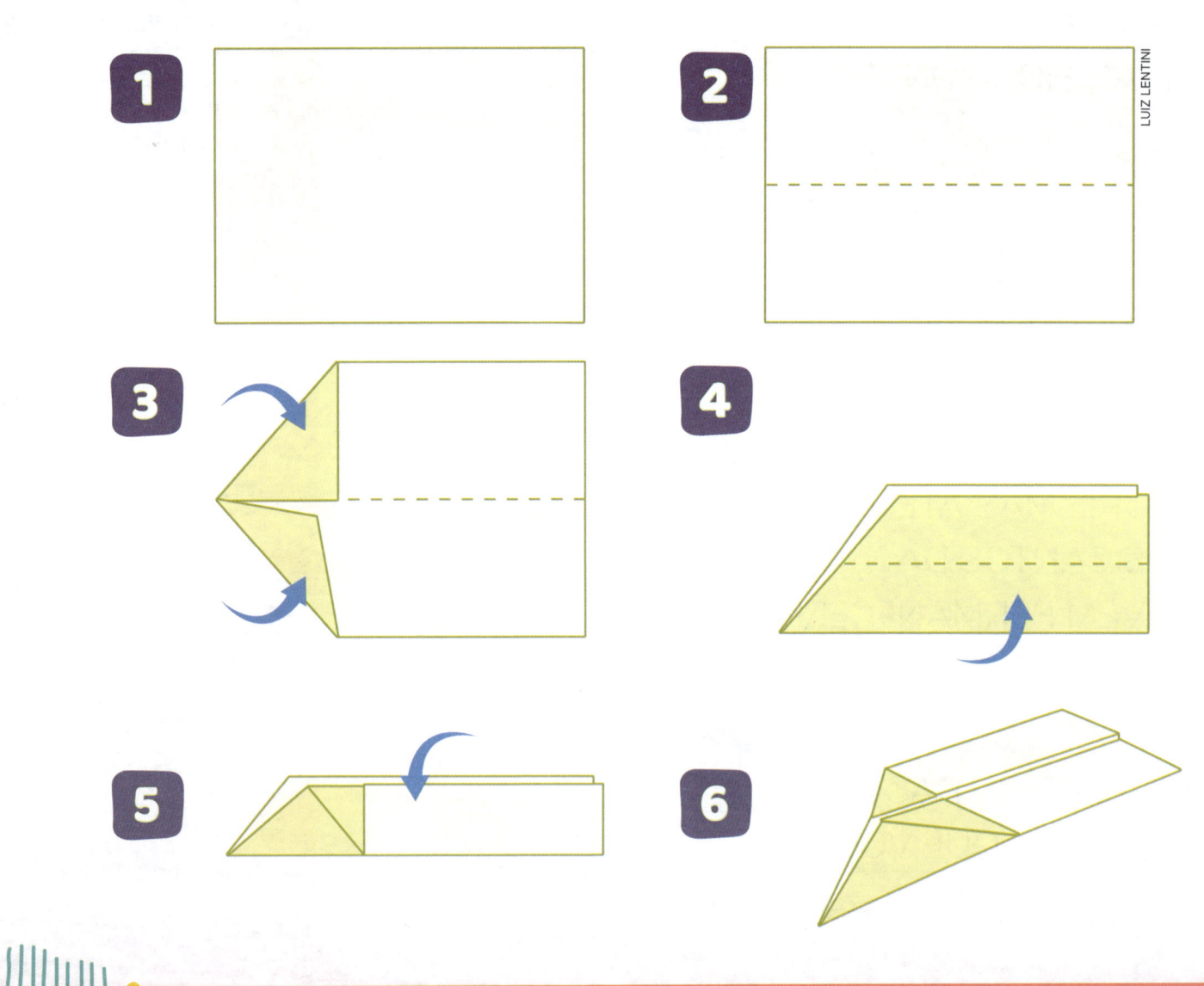

- Você já viajou de avião ou tem vontade de fazer isso?
- Que tal comemorar o Dia do Aviador fazendo um avião de papel?

Siga o passo a passo da dobradura e faça um avião de papel. Não se esqueça de decorá-lo! Você pode desenhar a porta de entrada, os motores e as pessoas nas janelinhas. Depois, brinque com os colegas.

▶ ENCARTES

PÁGINA 17 – JOGO DOS BLOQUINHOS

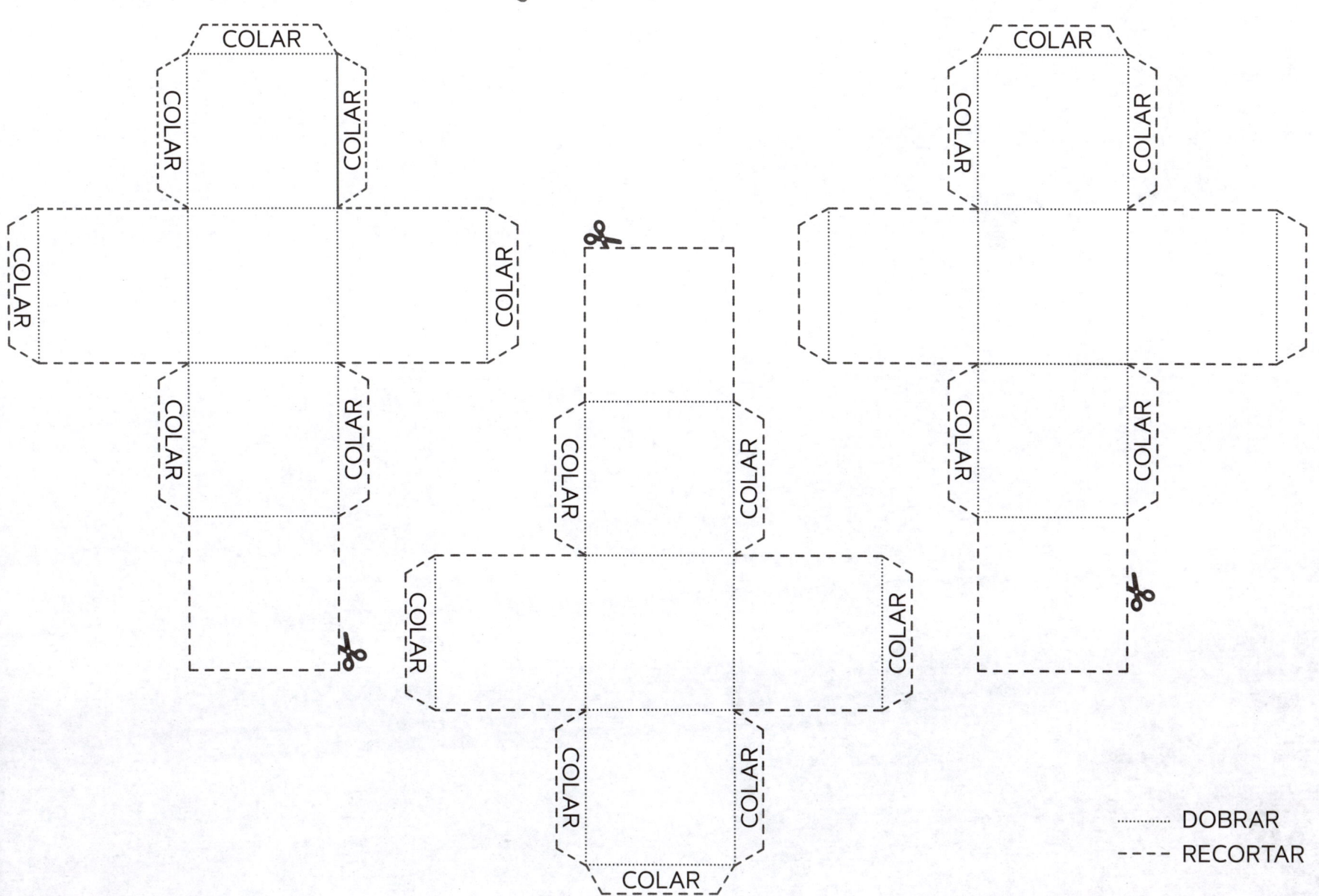

.... DOBRAR
- - - - - RECORTAR

55

PÁGINA 17 – JOGO DOS BLOQUINHOS

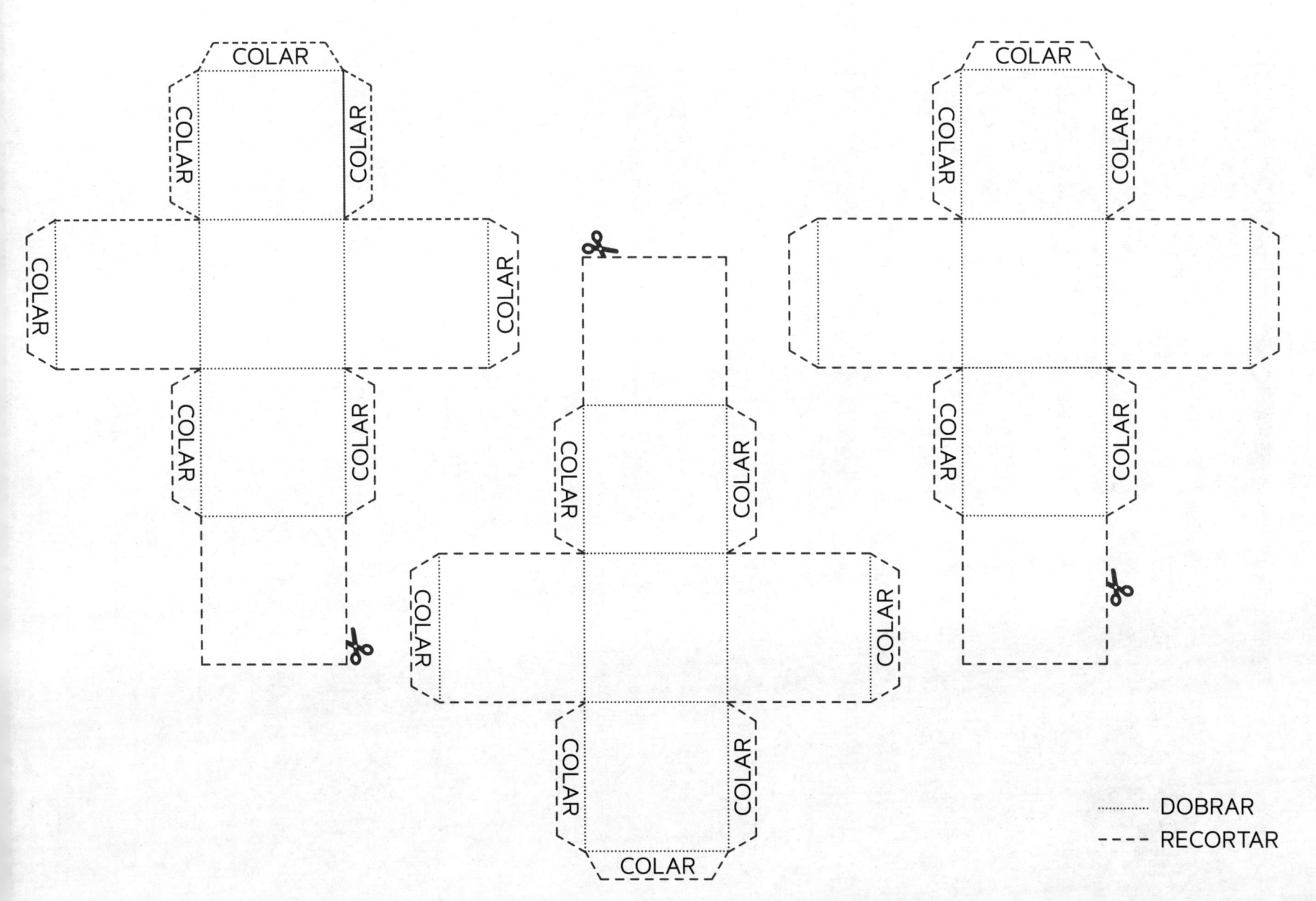

.... DOBRAR
- - - - - RECORTAR

57

PÁGINA 23 – O QUE VEM DEPOIS?

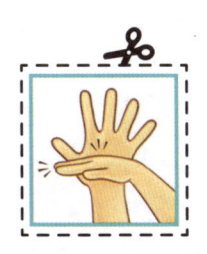

PÁGINA 21 – QUEM PASSOU POR AQUI?

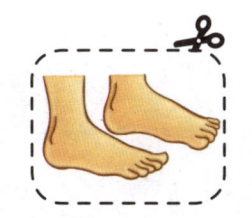

PÁGINA 18 – CONSTRUINDO MUROS

PÁGINA 19 – ARRUMANDO OS CAMINHOS

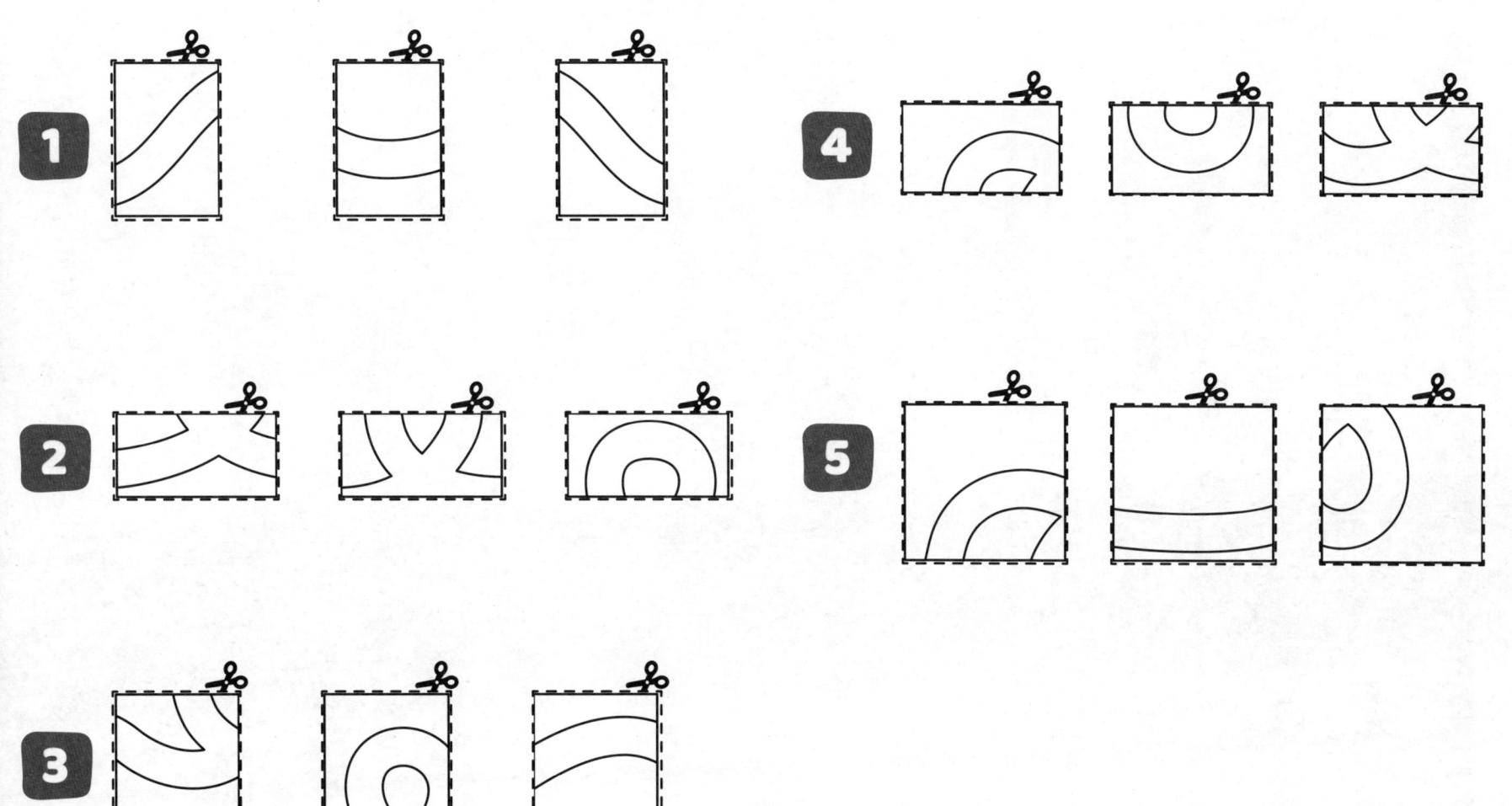

PÁGINA 25 – QUEM FICA COM QUEM?